1. Lesestufe

Claudia Ondracek

Indianergeschichten

Mit Bildern von Susanne Wechdorn

Ravensburger Buchverlag

Bibliografische Information der Deutschen Nationalbibliothek:

Die Deutsche Nationalbibliothek verzeichnet diese Publikation
in der Deutschen Nationalbibliografie.
Detaillierte bibliografische Daten sind im Internet
über http://dnb.d-nb.de abrufbar.

Sonderausgabe für den
Verlag an der ESTE GmbH
Buxtehude 2015

Art.-Nr. 63214

Ravensburger Leserabe
© 2004 Ravensburger Buchverlag Otto Maier GmbH
Umschlagbild: Susanne Wechdorn
Umschlagkonzeption: Sabine Reddig
Redaktion: Marion Diwyak

Printed in Germany

Inhalt

Tonkin, der bunte Hund   4

Kitoma sucht sein Kriegsbeil   17

Auf Bärenjagd   28

Leserätsel   41

Tonkin, der bunte Hund

„Aua", schreit Tonkin.
„Das ziept!"

„Ich muss dich aber kämmen",
sagt seine Mutter.
„Deine Haare sind ganz zerzaust
und heute ist Stammesfest."

„Schneid sie doch einfach ab",
schlägt Tonkin vor.
„Mein Freund Waschaki
hat auch kurze Haare!"

„Waschaki ist ein Seeindianer",
sagt Tonkins Mutter.

„Wir sind Prärie-Indianer.
Und die haben lange Haare!"

„So was Blödes", denkt Tonkin
und rennt zu seinem Pferd.

Wildfang begrüßt ihn schnaubend:
„Wo warst du so lange?"
Indianer verstehen nämlich
die Sprache der Pferde.

„Haare kämmen", mault Tonkin.
„Aber damit ist jetzt Schluss:

Ich mache mir jetzt
einen Irokesen-Schnitt
wie mein Freund Waschaki."

Tonkin schneidet sich
mit dem Messer die Haare kurz.
Dann rasiert er sie
seitlich am Kopf weg.

„Wie sehe ich aus?", fragt er.
„Wie ein zotteliger Bison",
schnaubt sein Pferd.

„Echt?", fragt Tonkin erschrocken.
Er kann sich nicht sehen.
Prärie-Indianer haben keine Spiegel.

„So kannst du nicht zum Fest",
schnaubt Wildfang. „Du fällst auf
wie ein bunter Hund!"

Tonkin starrt Wildfang an.
„Gute Idee", murmelt er
und verschwindet im Zelt.

Als die Trommeln zum Fest rufen,
kommt er wieder heraus.
Seine Haare sind kunterbunt und
stehen kreuz und quer vom Kopf ab.

Stolz geht Tonkin zum Lagerfeuer.
Die anderen werden staunen.
Aber kein Indianer sagt ein Wort.
Sie starren ihn nur an und grinsen.

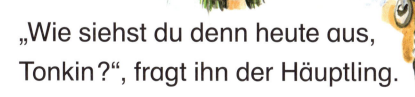

„Wie siehst du denn heute aus,
Tonkin?", fragt ihn der Häuptling.

„Wie ein Seeindianer",
sagt Tonkin trotzig.
„Kurze Haare sind einfach schöner.
Die zerzausen nicht so!"

Der Häuptling lächelt.
„Ja, das stimmt", sagt er.

„Aber dafür braucht man Seen,
denn darin kann man sich spiegeln."

Tonkin schluckt.
Dann lacht er und sagt:
„In der Prärie sind lange Haare
vielleicht doch besser.

Aber wenigstens falle ich heute
mal auf wie ein bunter Hund!"

Kitoma sucht sein Kriegsbeil

„Wooaah", brüllt Kitoma
und springt aus seinem Versteck
hinter einem Busch hervor.

Sein Gesicht ist überall
mit roten Strichen bemalt.

„Ich räum nicht auf", zischt er.
„Ich verteidige mein Zelt –
und ich bin gefährlich!"

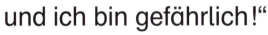

„Gar nicht",
sagt seine Mutter genervt,
„du bist bloß unordentlich."

Kitoma und seine Mutter haben Krach.
Seine Mutter will, dass er aufräumt.
Aufräumen stinkt Kitoma.
Das ist nichts für Krieger!

Kitoma ballt die Faust.
„Pass bloß auf", droht er,
„sonst grab ich das Kriegsbeil aus."

Das sagen Indianer,
bevor sie in den Krieg ziehen.

„Das findest du ja gar nicht
in deiner Unordnung",
schimpft seine Mutter.

Kitoma stürmt wütend in sein Zelt.
„Hmm", überlegt er,
„wo ist nur mein Kriegsbeil?"

In dem Durcheinander
kann er es nirgends entdecken.
Überall liegen Stöcke,
Federn und Pfeile herum.

Dazwischen noch sein Federschmuck,
der Bogen und sein Schnitzmesser!

„Ich muss das Kriegsbeil suchen",
murmelt Kitoma und räumt auf.
Er stapelt Stöcke, Pfeile und Federn
auf verschiedene Haufen.

Den Bogen und den Federschmuck
hängt er an eine Zeltstange.

Und das Schnitzmesser macht er
an seinem Gürtel fest.

Hoppla, was ist denn das
für eine unebene Stelle
unter den Bisonfellen?

„Mein Kriegsbeil", ruft Kitoma.
Endlich!

„Wooaah", brüllt Kitoma,
als er aus dem Zelt stürmt.
Er schwingt sein Kriegsbeil.

„Donnerwetter", staunt seine Mutter.
„Das hätte ich ja nicht gedacht!"

„Komm, wir essen ein Friedensmahl.
Was hältst du von süßem Maisbrei?"
Dafür lässt Kitoma sofort
sein Kriegsbeil fallen.

Auf Bärenjagd

Nokana schleicht lautlos
zwischen den Bäumen herum.

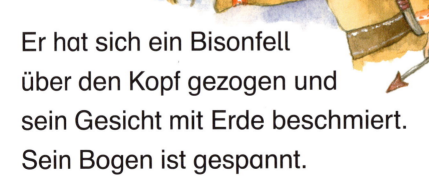

Er hat sich ein Bisonfell
über den Kopf gezogen und
sein Gesicht mit Erde beschmiert.
Sein Bogen ist gespannt.

Nokana ist auf Bärenjagd:
mit seinem Vater, dem Häuptling,
und seinem großen Bruder.

Die schleichen auch
irgendwo am Fluss herum.

Wer den Bären zuerst entdeckt,
gibt den anderen ein Zeichen.
Denn Bären zu jagen ist gefährlich.
Das macht man lieber zusammen.

Nokana sucht das Ufer nach Spuren ab.
Das ist die Spur eines Pferdes.

Bären haben ja keine Hufe,
sondern Tatzen mit Krallen dran.

Und diese kleinen Schritte
stammen von Kaninchen.

Aber da, das ist eine Bärentatze!
Nokana verfolgt die Spur.

Plötzlich entdeckt er
zwischen den Bärentatzen
ein paar Abdrücke von Mokassins.
Und dann sind sie wieder weg.

Nokana wird es angst und bange:
Der Bär hat sich bestimmt
den Indianer geschnappt!
Er muss schnell helfen!

Die Spur führt zu einem Felsen.
Leise pirscht sich Nokana an.

Hinter dem Felsen hört er
ein Knacken und Krachen.
Das muss der Bär sein.

Geschickt klettert Nokana hoch
und lugt über die Felskante.
Er traut seinen Augen kaum:

Da sitzt sein großer Bruder
und schichtet Holzscheite auf.
Und neben ihm liegen Bärentatzen.
Er hat die Spuren gemacht!

Sein Bruder hat ihn reingelegt.
Nokana ist wütend: Na warte!
Er spannt seinen Bogen und zielt.

Boing – der Pfeil trifft den Holzscheit,
den sein Bruder in der Hand hat.
Der zuckt zusammen.

„Gut gezielt, mein Sohn",
sagt plötzlich jemand hinter ihm.
Nokana fährt herum.

Da steht sein Vater, der Häuptling.
Er gibt ihm eine Adlerfeder.

„Hier, die bekommst du,
weil du die Bärenspur gefunden hast."

Und dann zieht er noch eine Feder
aus seinem Federschmuck.
„Und die ist fürs gute Zielen –
ich bin stolz auf dich!"

Da lacht Nokana und steckt sich
die Adlerfedern ins Haar.

Claudia Ondracek wurde 1966 geboren. Sie studierte Geschichte und Germanistik und arbeitete dann mehrere Jahre in einem Kinderbuchverlag. Inzwischen schreibt sie selbst Kinderbücher und manchmal schleicht sie wie eine Indianerin auf leisen Sohlen durch die Wohnung, damit ihr kleiner Sohn nicht aufwacht.

Susanne Wechdorn wurde in Österreich, in der Nähe von Wien, geboren. Nach dem Studium der Rechtswissenschaften an der Universität Wien machte sie eine Ausbildung zur Grafik-Designerin. Seit 1992 arbeitet sie als freie Illustratorin und Grafikerin in Wien. Sie hat schon viele Kinder- und Schulbücher illustriert. Für das Buch „Wenn Jakob unterm Kirschbaum sitzt" erhielt sie zusammen mit der Autorin Sigrid Laube den Kinderbuchpreis der Stadt Wien und den Österreichischen Staatspreis.

Leserätsel

mit dem Leseraben

Super, du hast das ganze Buch geschafft!
Hast du die Geschichte ganz genau gelesen?
Der Leserabe hat sich ein paar spannende
Rätsel für echte Lese-Detektive ausgedacht.
Mal sehen, ob du die Fragen beantworten kannst.
Wenn nicht, lies einfach noch mal
auf den Seiten nach. Wenn du die richtigen
Antwortbuchstaben in die Kästchen auf Seite 42
eingesetzt hast, bekommst du das Lösungswort.

Fragen zur Geschichte

1. Warum will sich Tonkin die langen Haare
   abschneiden? (Seite 4/5)
   M : Weil er Haare kämmen hasst.
   S : Weil er endlich mal anders aussehen will.

2. Wieso sieht Tonkins Irokesen-Schnitt zottelig aus? (Seite 15)

　A: Tonkin hat ein stumpfes Messer benutzt.
　O: Tonkin hat keinen Spiegel.

3. Wieso räumt Kitoma sein Zelt auf? (Seite 23)

　K: Weil er sein Kriegsbeil nicht finden kann.
　B: Weil seine Mutter es will.

4. Wo entdeckt Kitoma sein Kriegsbeil? (Seite 25)

　L: Unter den Pfeilen, Stöcken und Federn.
　A: Unter den Bisonfellen.

5. Was trägt Nokana auf der Bärenjagd? (Seite 28)

　S: Er hat sich ein Bisonfell über den Kopf gezogen.
　U: Er hat sich ein Bärenfell umgehängt.

Lösungswort:

1	2	3	4	S	I	N
				5		

Rabenpost

Super, alles richtig gemacht! Jetzt wird es Zeit für die RABENPOST.
Schicke dem LESERABEN einfach eine Karte mit dem richtigen Lösungswort. Oder schreib eine E-Mail. Wir verlosen jeden Monat 10 Buchpakete unter den Einsendern!

An den LESERABEN
RABENPOST
Postfach 20 07
88190 Ravensburg
Deutschland

leserabe@ravensburger.de
Besuche mich doch auf meiner Webseite:
www.leserabe.de

1. Lesestufe für Leseanfänger ab der 1. Klasse

ISBN 3-473-36038-4   ISBN 3-473-36036-8   ISBN 3-473-36014-7   ISBN 3-473-36037-6

2. Lesestufe für Erstleser ab der 2. Klasse

ISBN 3-473-36043-0   ISBN 3-473-36041-4   ISBN 3-473-36039-2   ISBN 3-473-36021-X

3. Lesestufe für Leseprofis ab der 3. Klasse

ISBN 3-473-36054-6   ISBN 3-473-36051-1   ISBN 3-473-36024-4   ISBN 3-473-36052-X

Gute Idee.